LES CHOSES REPOUSSANTES ET DÉGOÛTANTES

LES ANIMAUX REPOUSSANTS ET DÉGOÛTANTS

Un livre de la collection
Les branches de Crabtree

Julie K. Lundgren

CRABTREE
Publishing Company
www.crabtreebooks.com

T0019753

Soutien de l'école à la maison pour les parents, les gardiens et les enseignants

Ce livre très intéressant est conçu pour motiver les élèves en difficulté d'apprentissage grâce à des sujets captivants, tout en améliorant leur fluidité, leur vocabulaire et leur intérêt pour la lecture. Voici quelques questions et activités pour aider le lecteur ou la lectrice à développer ses capacités de compréhension.

Avant la lecture

- *De quoi ce livre parle-t-il?*
- *Qu'est-ce que je sais sur ce sujet?*
- *Qu'est-ce que je veux apprendre sur ce sujet?*
- *Pourquoi je lis ce livre?*

Pendant la lecture

- *Je me demande pourquoi...*
- *Je suis curieux de savoir...*
- *En quoi est-ce semblable à quelque chose que je sais déjà?*
- *Qu'est-ce que j'ai appris jusqu'à présent?*

Après la lecture

- *Qu'est-ce que l'autrice veut m'apprendre?*
- *Nomme quelques détails.*
- *Comment les photographies et les légendes m'aident-elles à mieux comprendre?*
- *Lis le livre à nouveau et cherche les mots de vocabulaire.*
- *Ai-je d'autres questions?*

Activités complémentaires

- *Quelle est ta section préférée de ce livre? Rédige un paragraphe à ce sujet.*
- *Fais un dessin représentant l'information que tu as préférée dans ce livre.*

TABLE DES MATIÈRES

NE DÉTOURNE PAS LE REGARD

Tu te sens courageux? Découvre des créatures si repoussantes, dégoûtantes et incroyables que tu ne peux pas détourner le regard. Jette un coup d'œil à des animaux dotés d'armes destructrices et mortelles, avec des moyens de défense dégoûtants et des rejetons que seule une mère peut aimer.

Les lamproies se fixent à d'autres poissons et les tuent lentement en plusieurs mois.

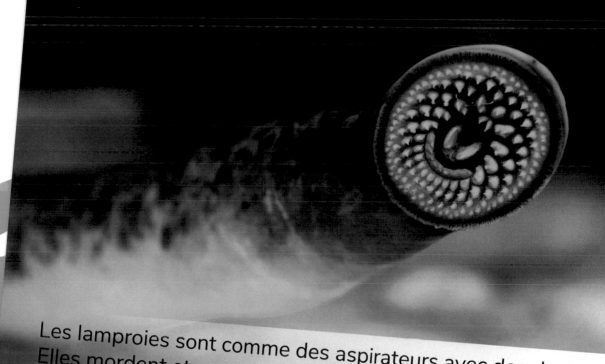

Les lamproies sont comme des aspirateurs avec des dents. Elles mordent et sucent le sang et les jus de leurs victimes.

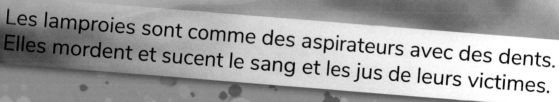

BEURC!
Les bizarreries épiques ultra repoussantes et choquantes (BEURC) sont partout!

L'araignée Phrynarachne ceylonica se déguise en crotte d'oiseau. Elle peut avoir un aspect humide, comme une crotte fraîche...

... ou un aspect sec, comme si elle était là depuis un bon moment.

Chenille du grand porte-queue

Les prédateurs ne remarquent pas les animaux qui ont l'air de crottes. Le **camouflage** en saleté aide aussi les fausses crottes à piéger leurs proies.

Theloderma asperum, la grenouille crotte d'oiseau

UN FILM D'HORREUR

Des créatures troublantes vivent sous l'eau, sous la terre et dans des environnements extrêmes de toutes sortes. Avec leur apparence incroyablement dégoûtante, elles pourraient être les vedettes de films de monstres!

Des algues forment une coiffure vivante sur la tête de la tortue de la Mary River.

Ornements mortels

Après avoir mangé ses proies, la larve du lion des pucerons place les restes de cadavres sur son dos.

Que dirais-tu d'avoir un nez en forme d'étoile? La taupe à nez étoilé a essentiellement une main à 22 doigts fixée à son visage.

La taupe à nez étoilé creuse des tunnels sous terre, cherchant des proies dans le noir avec ses sens du toucher et de l'odorat.

Dans le noir
Les centipèdes des maisons rampent
et se faufilent à la noirceur.

Voici quelques maîtres du **mucus**.
Les lièvres marins mangent des **algues**
pour produire du **mucus toxique**.

Les lièvres marins font gicler des nuages de teinture mauve pour se sauver des prédateurs.

Le poisson perroquet dort dans une bulle de sa propre morve.

Une splendeur visqueuse

La myxine produit des litres de mucus visqueux. En 2017, un semi-remorque rempli de myxines vivantes a eu un accident, recouvrant la route et les voitures de mucus épais et de poissons gluants.

UN REPAS DÉGOÛTANT

Quel animal est un monstre cuisinier? Les solifuges coupent et tranchent la chair, l'arrosent de sucs digestifs, puis aspirent cette soupe.

Les solifuges utilisent leur énorme et puissante mâchoire pour scier leurs proies.

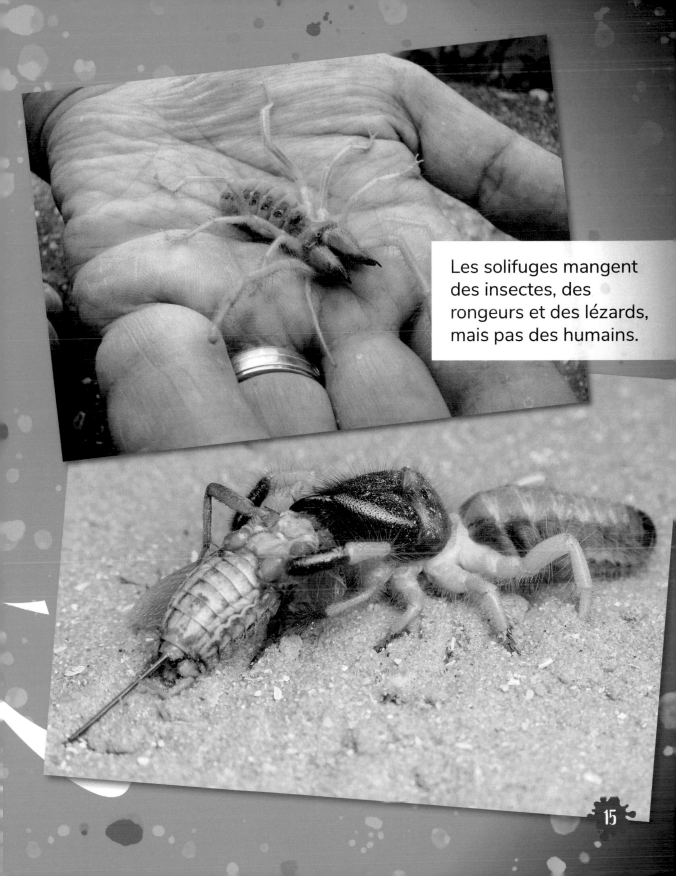

Les solifuges mangent des insectes, des rongeurs et des lézards, mais pas des humains.

Tu as envie d'un repas chaud? Les coquerelles des cavernes adorent se régaler d'un tas de **guano** de chauve-souris tout frais. Si un cadavre de chauve-souris tombe par hasard, c'est encore meilleur.

Les détritivores comme les coquerelles des cavernes nettoient les restes.

BEURC!
Imagine étendre tes excréments pour attirer les insectes afin de les manger comme la chevêche des terriers. Miam?

Des armes bizarres aident les animaux à capturer leur repas. L'aye-aye frappe sur les arbres avec son long majeur et écoute les larves qui se trouvent à l'intérieur. Il utilise ce même doigt qu'il enfonce profondément dans l'arbre pour attraper et extirper les larves. Toc, toc! Il y a quelqu'un?

Les ayes-ayes sont des lémuriens dotés de doigts qui ressemblent à des cannes à pêche.

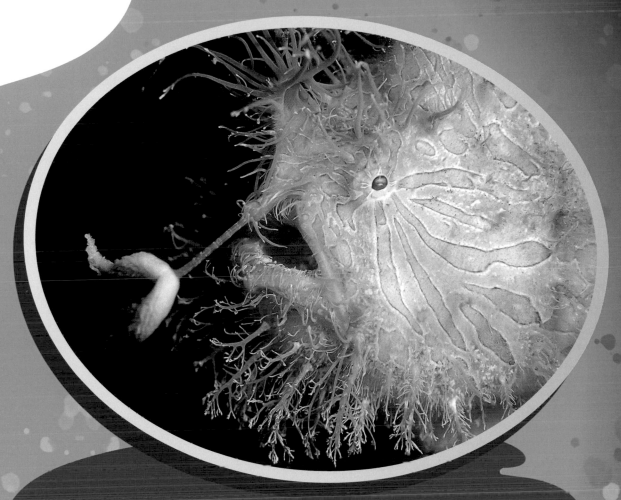

BEURC!

Pour attirer ses proies, le poisson-grenouille strié est doté d'un organe qui sort de son front et qui ressemble à un vers grouillant et appétissant.

DU SANG, DES INTESTINS ET UNE ODEUR ABOMINABLE

Les moyens de défense des animaux peuvent être extrêmement dégoûtants! Les concombres de mer éjectent leur intestin par le derrière pour effrayer les prédateurs. Cet organe se régénère plus tard.

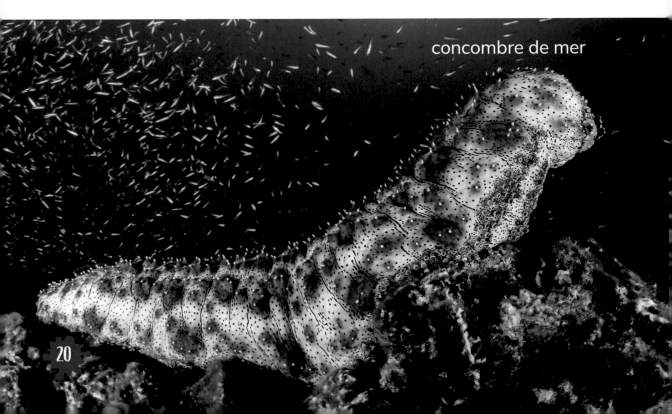

concombre de mer

Pour fuir les prédateurs, certains lézards cornus font jaillir du sang de leurs yeux.

Certains concombres de mer bombardent les prédateurs de longs filaments collants. Il leur faut 2 à 3 semaines pour régénérer ces organes.

Qui est l'ultime tireur par les fesses? Le coléoptère **bombardier** projette un liquide qui sent et goûte si mauvais qu'un crapaud qui en mange un se retournera l'estomac pour recracher le coléoptère.

Les coléoptères bombardiers peuvent faire pivoter leur derrière pour viser et projeter un liquide acide.

L'oisillon du fulmar vomit une bouillie puante et dangereuse en direction de ses ennemis.

23

D'autres animaux se défendent au moyen de leur odeur nauséabonde. Les **opossums** expulsent un mucus vert super puant par leurs fesses. Les mille-pattes africains produisent une bruine puissante expulsée par chacun des segments de leur corps. Dégagez!

La bruine toxique et nauséabonde des mille-pattes africains peut tuer une souris!

opossum

UNE PROGÉNITURE ÉPOUVANTABLE

Tu en veux plus? Tu en auras plus avec ces rejetons dégoûtants. Les scarabées terrassiers pondent leurs œufs dans des souris mortes. La mère scarabée mange la souris, puis vomit pour nourrir les **larves** écloses.

S'il n'y a pas suffisamment de nourriture pour survivre, le scarabée terrassier mangera ses propres larves.

Énorme BEURC!
La pipa pipa est un crapaud qui transporte ses œufs sur son dos. Ils éclosent sous la peau de la mère.

Évidemment, la crotte fait partie de ce film d'horreur. La mouche bleue de la viande pond ses œufs dans la bouse, les cadavres et les poubelles. Les larves mangent leur maison puante, mais tout de même nutritive.

Les scientifiques examinent le stade de développement des larves pour déterminer depuis combien de temps un corps en décomposition est mort.

Que penses-tu de toutes ces BEURC? Les animaux peuvent être repoussants et dégoûtants, mais ils sont tout de même géniaux!

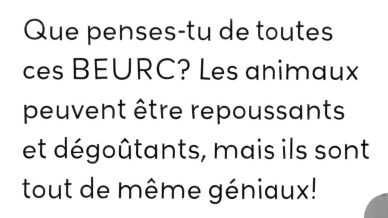

Revirement de situation!

Les larves du coléoptère Epomis sont appétissantes pour les grenouilles. Cependant, elles éclosent sur la langue de la grenouille et injectent une toxine qui **paralyse** et digère la grenouille.

GLOSSAIRE

algues (alg) : Plantes aquatiques qui utilisent la lumière du soleil pour croître et qui sont mangées par de nombreux animaux

bombardier (bon-bar-dié) : Un expert en visée et en tir de bombes

cadavres (ka-davr) : Corps morts

camouflage (ka-mou-flaj) : Couleurs qui aident les animaux à se fondre à leur environnement ou à faire semblant d'être quelque chose d'autre

guano (gou-a-no) : Excréments ou crottes de chauve-souris

larves (larv) : Chez les insectes, le stade de développement entre l'œuf et l'adulte

mucus (mu-kuss) : Substance visqueuse produite par les animaux et les humains

opossums (o-po-ssomme) : Animaux à fourrure nocturnes de la taille d'un chat

paralyse (pa-ra-liz) : Cause une incapacité de bouger

toxique (tok-ssik) : Nocif, avec la capacité de rendre malade ou de tuer

INDEX

SITES WEB À CONSULTER

https://animals.net/nature-is-gross-four-disgusting-habits-of-four-interesting-animals

https://onekindplanet.org/top-10/top-10-worlds-smelliest-animals

https://zoo.sandiegozoo.org/animals-plants

À PROPOS DE L'AUTRICE

Julie K. Lundgren

Julie K. Lundgren a grandi sur la rive nord du lac Supérieur, un endroit qui regorge de bois, d'eau et d'aventures. Elle adore les abeilles, les libellules, les vieux arbres et la science. Elle a une place spéciale dans son cœur pour les animaux dégoûtants et intéressants. Ses intérêts l'ont menée vers un diplôme en biologie et une curiosité sans bornes pour les lieux sauvages.

Production : Blue Door Education pour Crabtree Publishing

Autrice : Julie K. Lundgren

Conception : Jennifer Dydyk

Révision : Tracy Nelson Maurer

Correctrice : Crystal Sikkens

Traduction : Annie Evearts

Coordinatrice à l'impression : Katherine Berti

Références photographiques : Photo de la couverture © Laura Dts, éclaboussure sur la couverture et dans le livre © SpicyTruffel, p. 4 © Nicolas Primola, p. 5 (haut) © Gena Melendrez, (bas) © Olga_Serova, p. 6 (haut) © Pong Wira, (bas) © Alen thien, p. 7 (haut) © Brian Magnier, (bas) © Rosa Jay, p. 8 © Rob D the Baker, p. 9 © SIMON SHIM, p. 10 (haut) © VetraKori, (bas) © Agnieszka Bacal, p. 11 © CPbackpacker, p. 12 (haut) © scubaluna, p. 13 (bas) © Liliya Butenko, p. 14-15 (haut) © Dr.MYM, p. 15 (bas) © Ondrej Michalek, p. 16 © lanaid12, p. 17 (haut) © Maximillian cabinet, (bas) © Don Mammoser, p. 18 © Dan Tiego, p. 19 © Jack PhotoWarp, p. 20 © Richard Whitcombe, p. 21 (haut) © Milan Zygmunt, illustration © Sergey Mikhaylov, (photo du bas) © Ethan Daniels, p. 22 (photo) © THE PICTURE RESEARCHER, (illustration de mucus) © Arcady, p. 23 (photo du haut) © By KASIRA SUDA, (illustration dans le médaillon) © Blue Door Education, (illistration SPLAT) © ByeByeSSTK, (photo du bas) © Nick Pecker, p. 24 (photo) © Wandel Guides, (illustration) © ianlusung, p. 25 © Lisa Hagan, (illustration d'opossum) © Bistraffic, (illustration de crotte) © Arcady, p. 26 © Tobyphotos, p. 27 (haut) © Dan Olsen, (bas) © Jason Patrick Ross, p. 28 (haut) © Avaniks, (centre) © Be Shearer, (bas) © Ton Bang-keaw. Toutes les images proviennent de Shutterstock.com sauf le poisson perroquet de la p. 12 © Igor Cristino Silva Cruz (Wikipedia) https://creativecommons.org/licenses/by-sa/4.0/deed.en, photo des scientifiques p. 13 courtoisie de la NOAA, p. 29 © Wizen G, Gasith A https://creativecommons.org/licenses/by/3.0/deed.en

Crabtree Publishing Company

www.crabtreebooks.com   1-800-387-7650

Copyright © 2022 **CRABTREE PUBLISHING COMPANY**

Tous droits réservés. Aucune partie de cette publication ne doit être reproduite ou transmise sous aucune forme ni par aucun moyen, électronique, mécanique, par photocopie, enregistrement ou autrement, ou archivée dans un système de recherche documentaire, sans l'autorisation écrite de Crabtree Publishing Company. Au Canada : Nous reconnaissons l'appui financier du gouvernement du Canada par l'entremise du Fonds du livre du Canada pour nos activités de publication.

Publié aux États-Unis
Crabtree Publishing
347 Fifth Avenue
Suite 1402-145
New York, NY, 10016

Publié au Canada
Crabtree Publishing
616 Welland Ave.
St. Catharines, Ontario
L2M 5V6

Imprimé au Canada/112021/CPC

Catalogage avant publication de Bibliothèque et Archives Canada

Titre: Les animaux repoussants et dégoûtants / Julie K. Lundgren.
Autres titres: Gross and disgusting animals. Français.
Noms: Lundgren, Julie K., auteur.
Description: Mention de collection: Les choses repoussantes et dégoûtantes | Les branches de Crabtree | Traduction de : Gross and disgusting animals. | Traduction : Annie Evearts. | Comprend un index.
Identifiants: Canadiana (livre imprimé) 20210358963 | Canadiana (livre numérique) 2021035903X | ISBN 9781039603158 (couverture souple) | ISBN 9781039603219 (HTML) | ISBN 9781039603271 (EPUB)
Vedettes-matière: RVM: Animaux—Ouvrages pour la jeunesse. | RVM: Animaux—Miscellanées—Ouvrages pour la jeunesse. | RVM: Zoologie—Ouvrages pour la jeunesse. | RVM: Zoologie—Miscellanées—Ouvrages pour la jeunesse. | RVMGF: Documents pour la jeunesse.
Classification: LCC QL49 .L8614 2022 | CDD j590—dc23